NOTICE HISTORIQUE

SUR

PRÉVILLE,

Membre associé de l'Institut national,
et Comédien français ;

PAR **DAZINCOURT,**

COMÉDIEN FRANÇAIS;

Lue au Lycée, le 19 Nivôse, an 8 (Janvier 1800).

Quandò ullum invenient parem ?

(HORACE.)

A PARIS,

DE L'IMPRIMERIE DE BALLARD.

AN VIII.

Des amis de Préville, qui ont entendu au
Lycée la lecture de cette Notice, ont cru que je
ne pourrois rendre trop public ce foible tribut
de mon hommage. Ils veulent que je livre mon
manuscrit à l'impression, et déjà il n'est plus
dans mes mains !.... Le sentiment a seul guidé
ma plume ; c'est encore à lui que j'obéis, en
cédant aux instances qui me sont faites.

NOTICE HISTORIQUE

SUR

PRÉVILLE.

A peine PRÉVILLE est-il entré dans la tombe, que je viens acquitter la dette de mon cœur. O mon maître ! ô mon modèle ! Quand Thalie trouvera-t-elle ton égal ? Oui, tu appartiens au 18ᵉ. siècle, il te réclamera toujours. D'autres pourront te louer mieux que moi ; mais personne ne rendra un hommage plus sincère et plus pur à ton rare, à ton inimitable talent.

Pierre-Louis Dubus PRÉVILLE nâquit à Paris le 17 Septembre 1721, rue des Mauvais-Garçons, faubourg S.-Germain, derrière la salle du Théâtre français, et reçut sa première éducation dans l'abbaye S.-Antoine. Ce monastère fut dans la suite bien surpris d'avoir nourri dans son sein cet excommunié de la cour de Rome, que Versailles applaudissoit, que la France entière admiroit, et que toutes les nations policées eussent glorieusement adopté. Pierre Dubus son père, intendant de l'abbesse de Bourbon, eut cinq enfans; tous voyant de bien loin les profits de l'intendance et les dignités de l'abbaye; tous fatigués des leçons sévèrement économiques de leur père, voulurent être libres, et se sauvèrent de la maison paternelle. Le jeune Préville, accablé sous le poids de sa liberté, se trouva bientôt sans ressources; mais sage, laborieux et plein d'honneur, il se résigna sans peine à servir les maçons. Quel manœuvre ! Préville !.... lui, dont la vie entière a été employée à observer, à méditer le grand œuvre d'un comédien parfait, et qui est parvenu à devenir à-la-fois le désespoir et le modèle de ses rivaux. Son père lui avoit fait apprendre à écrire ; PRÉVILLE écrivoit bien , et préférant l'écritoire à la truelle, il quitta les maçons pour être quelque tems cinquième clerc chez un notaire ; mais son génie créateur sentit bientôt le besoin impérieux d'un aliment plus fort ; il usoit son temps à copier des actes, des inventaires : tout ce fatras, qui le rebutoit, n'avoit rien de gai pour lui. Il voulut instruire en amusant, saisir, pour ainsi dire, la nature sur le fait, peindre les vices, les ridicules, et donner, en quelque façon, une nouvelle vie aux chef-d'œuvres des grands auteurs comiques. Son père essaya de le ramener à son intendance ; il se repentit de sa sévérité, et voulut le guider dans ses moyens de parvenir ; mais PRÉVILLE, que la nature avoit choisi pour nous enseigner et nous plaire, n'écouta que sa voix, qui l'appelloit sur un plus vaste théâtre.

Le hazard dérange souvent dans les familles des projets bien ou mal conçus, ou des combinaisons de cupidité; mais il est rare que la nature se trompe sur la route qu'elle nous indique. Destouches, forcé de se faire comédien, devint ambassadeur et poète comique. Le père de Boileau annonçoit à ses amis que son fils ne diroit jamais de mal de personne, et Boileau fut poète satyrique. PRÉVILLE étoit au nombre de ces êtres choisis, que la nature destinoit à égayer l'homme de bien, à faire rire le misanthrope, à dérider le plus atrabilaire.

Ses premiers essais dans quelques petites villes assez ignorées, furent marqués par des succès; bientôt on le distingua, et les Directeurs de Dijon, de Rouen et de Strasbourg se disputèrent à l'envi ce jeune acteur, qui donnoit de si grandes espérances. Les suffrages, l'enthousiasme des habitans de Dijon, l'habituèrent au dangereux besoin des ris universels et des applaudissemens de la multitude. Il vint à Rouen, et fut assez étrangement averti du danger qu'il couroit, par un petit bossu, partisan fidèle, admirateur éclairé de la bonne comédie.

Dans le tems où le Public combloit Préville de toutes ses faveurs, il avoit remarqué un petit bossu, fort assidu, et toujours placé dans la même loge ; son geste habituel lui parut bizarre ; la main droite appuyée sur la gauche, il ne cessoit de donner, avec l'index, des signes très-réitérés d'improbation lorsque Préville étoit sur la scène. Ce censeur sévère inquiéta l'acteur, il voulut le connoître. Un jour, le petit bossu se trouvoit sur le théâtre, après le spectacle : il accabloit de complimens tous ceux qui venoient de jouer, Préville excepté ; — et moi, monsieur, lui dit-il ? — « Quant à vous, » répondit l'Aristarque, vous avez d'heu- » reuses dispositions ; mais vous ne ferez » jamais rien. Voulez-vous de plus grands

» détails ? venez demain déjeûner avec
» moi ». PRÉVILLE ne manqua pas au
rendez-vous : la conversation fut longue;
il sortit convaincu et bien déterminé à
changer son jeu. La première fois qu'il
reparut, le public fut étonné, mais resta
froid; tandis que le petit bossu, jouissant
de son triomphe, applaudissoit seul dans
sa loge, avec de grands éclats de joie.
PRÉVILLE ne tarda pas à reprendre son
ancienne manière, et le public de l'applaudir ! Mais profondément occupé de
son art, PRÉVILLE avoua que dans le
reste de sa vie théâtrale, il avoit souvent
profité des avis du bossu, et s'en étoit
bien trouvé; tant il est vrai que tout a
son tems et son application. PRÉVILLE
quitta Rouen pour être directeur à Lyon.

Molière, fatigué des détails sans nombre
d'une direction de comédie, créa des chef-
d'œuvres au milieu de ce bizarre tourbil-
lon. PRÉVILLE, directeur de comédie
dans une populeuse cité, ne cessa de

perfectionner son prodigieux talent. Il éprouva de la part des Lyonnais le même enthousiasme, les mêmes caresses que les habitans de Dijon, de Strasbourg et de Rouen lui avoient prodiguées.

Ses succès étoient constans; mais Paris manquoit à sa gloire : la mort de Poisson lui facilita les moyens d'y arriver. Un ordre de début lui fut expédié; il parut sur la scène française le 20 septembre 1753 : dans le rôle de Crispin du Légataire il remplaçoit Poisson, acteur plus bouffon que comique, et dont le jeu vrai, quoique grotesque et chargé quelquefois, amusoit fort le parterre. Dans ces beaux jours du théâtre Français, un début étoit une époque; tous les amateurs ne manquoient pas de s'y rendre, et le débutant, après la représentation, étoit jugé dans le café Procope, presque sans appel. Là, se faisoient les plus sûrs pronostics. Disposition, nullité, moyens ingrats, talens formés, tout étoit analysé, classé. PRÉVILLE paroît : le public habitué au jeu , à la figure de Poisson, fut surpris de son joli visage, de sa propreté, de son aisance et de sa grace. La critique étoit là, car elle veille toujours ; sa première exclamation fut : « Ah ! la jolie poupée !... » Mais la vérité du jeu de Préville lui imposa silence : les applaudissemens furent universels. Il continua ses débuts avec le même succès. Le Mercure-Galant remis au théâtre et joué par lui, eut une grande continuité de représentations , et commanda plus d'affluence encore que des nouveautés piquantes : il parut à la cour ; Louis XV fut exact à toutes les représentations qu'il donna, et le 20 octobre de la même année, sortant de voir Amphytrion et le Mercure-Galant, pièce dans laquelle Préville remplissoit six rôles différens, il dit au maréchal de Richelieu , premier gentilhomme de la chambre en exercice : « *Je reçois* Préville *au nombre de mes* » *comédiens, allez le lui annoncer* ».

Le maréchal vint porter cette agréable nouvelle au comédien, que déjà tout Paris idolâtroit.

La nature et l'art sembloient s'être réunis pour former dans Préville l'acteur parfait et le grand comédien. Nouveau Prothée, nul avant lui n'a présenté au public plus de variété dans les personnages : crispins, manteaux, financiers, amans, tuteurs, valets; tous ces caractères ont été embellis de son génie créateur. Turcaret, Sosie, La Rissole, le Médecin du Cercle, Maugrebleu, le père d'Eugénie, le Marquis dans le Legs, Antoine, M. de Clinville, Pincé, Figaro, le Bourru-Bienfaisant, et mille autres, furent autant de monumens de sa gloire. Doué de beaucoup d'esprit naturel, d'une mémoire prompte et sûre, d'une taille charmante, d'une figure aimable, d'une physionomie expressive, plein de graces dans tous ses mouvemens, Préville fut le comédien le plus vrai, l'acteur le plus exact, le plus varié, le peintre le plus fidèle : ses tableaux furent parfaits ; ses moyens physiques lui fournissoient les plus beaux dessins, son génie lui prêtoit le plus brillant coloris. PRÉVILLE réunissoit à beaucoup de finesse dans l'esprit, l'ame la plus sensible : ami tendre et obligeant, foible dans son intérieur, il n'eut d'humeur envers ses ennemis, que dis-je ? envers quelques jaloux, que par boutade. La moindre contradiction le fatiguoit, il s'emportoit même assez souvent ; mais l'instant qui succédoit à son impatience, le voyoit rire de sa colère ; et l'on peut dire, avec vérité, qu'il ne dormit jamais sur sa rancune. Simple dans ses goûts, tendre dans ses affections, sobre et généreux, il fit long-tems de sa maison l'asyle de beaucoup de gens à talens, de quelques indiscrets et d'une foule d'infortunés. Sa table étoit servie à six, huit reprises, selon le nombre des parasites qui se succédoient à l'heure du dîner.

Un familier de sa maison, qui se dit ensuite son ami, trouva commode de venir le complimenter le soir sur ses succès, puis d'y souper, puis, plus commode encore, d'y coucher : il poussa cette attention jusqu'à y loger pendant quinze ans. PRÉVILLE s'en apperçut enfin : sa femme l'engageoit fort à abréger la reconnoissance de cet aimable surnuméraire; mais il ne l'osa qu'à sa retraite du théâtre. Il partit pour Senlis, témoignant à ce cher ami les regrets de ne pouvoir lui offrir les agrémens de la campagne. La première retraite de PRÉVILLE fut une calamité pour le théâtre et pour les amateurs de la bonne comédie : à la privation d'un aussi grand talent, se joignoit la douleur de perdre d'autres sujets qui se retirèrent à la même époque. Le 1er. Avril 1786, Brizard, mademoiselle Fannier, PRÉVILLE et sa femme obtinrent leur pension de retraite. Le public regrettoit en eux des talens qu'il chérissoit depuis long.-tems. Madame Préville, qui avoit débuté aux Français au mois de Décembre 1753, jouoit les grandes coquettes : sa taille étoit majestueuse, sa figure aimable et noble. Cette actrice offrit toujours un modèle parfait de décence, de bon maintien, d'un travail assidu, d'une diction pure, et de ce ton de bonne compagnie, qui n'a déjà que trop vieilli. Son caractère étoit plus prononcé dans le monde que celui de son mari : elle renonçoit difficilement à ce qu'elle avoit arrêté. On faisoit renoncer Préville à tout. Ce fut elle qui décida son mari à quitter le théâtre : elle fut au désespoir lorsqu'il y rentra, et certes Préville n'eût pas cédé complaisamment à des sollicitations indiscrètes, en repa-roissant sur la scène, dans les dernières années de sa vie, si sa femme eût alors existé. Cette perte irréparable le laissa presqu'isolé ; privé déjà de son fils et de sa fille, il ne lui restoit plus que madame Guédon ; et, malgré les soins prodigués par la piété filiale la plus attentive, chaque jour le voyoit tomber dans une langueur inquiétante.

Champville, son neveu, sociétaire actuel du Théâtre français, étoit seul en possession de le dérider un peu, de l'entraîner à la promenade, d'amuser enfin le malade autant que son état pouvoit le permettre. Champville ne tarda pas à s'appercevoir que la tête de son oncle foiblissoit. Pendant la représentation du Mercure-Galant, le premier des rôles qu'il ait joués, le dernier dans lequel il ait reçu les hommages du public, le 23 Pluviôse, an 3, lorsque la salle retentissoit encore d'applaudissemens, PRÉVILLE dit dans la coulisse à son neveu : « *Il est* » *tard ; nous voici dans la forêt ; vois-tu* » *comme elle est noire ? Nous aurons* » *de la peine à nous en tirer* ». — « Eh ! » non, mon oncle, lui répondit Champ- » ville, c'est une toile peinte qui vous

» trompe. Vous venez de jouer La Rissole;
» vous traversez le théâtre pour aller vous
» habiller en Procureur et en Abbé ».
PRÉVILLE, serrant la main de son
neveu : «Tu as raison, ne me quitte pas ».
Le génie qui présidoit à ses heureuses
conceptions, lui prêta de nouvelles forces.
Champville vit continuer cette dernière
représentation avec inquiétude. Il entendit
avec grand plaisir son oncle lui dire à la
fin de la pièce : « C'en est fait, mon ami,
» je ne jouerai plus la comédie ». Ainsi
disparoissent les plus beaux météores.

Ce rôle de La Rissole, qu'il jouoit si
parfaitement, me rappelle deux anecdotes
que je crois pouvoir citer. Un cavalier du
régiment de Conti, en semestre à Paris,
lui voyoit jouer le rôle de Maugrebleu,
dans les Vacances des Procureurs ; PRÉ-
VILLE lui fit un plaisir si grand, une
illusion si complette, qu'il vint après
le spectacle le féliciter, l'embrasser, lui
témoigner l'ivresse de sa joie. « Ah !

» monsieur Préville, lui disoit-il
» avec transport, si quelque M....n
» s'avisoit de vous faire du mal, que
» j'aurois de plaisir à le *r'moucher* » !
Préville se mit à rire, et lui dit :
» C'est me vouloir du bien d'une étrange
» manière ; mais je vous remercie ».
Quelques jours après, l'affiche avertit
Jolibois (c'étoit le nom du cavalier) que
son ami joueroit, dans le Mercure-Galant,
cinq rôles différens : il accourt au spectacle ; il voit entrer Préville, mêle
ses applaudissemens à ceux de tous les
spectateurs, et semble au comble de ses
vœux ; mais à l'instant où Préville
paroît dans La Rissole, le désespoir s'em-
pare du cavalier, il s'écrie : « Ah ! le
» chien, il a quitté la cavalerie » ! Ce
même rôle lui valut, à Fontainebleau,
l'éloge le plus flatteur. Un factionnaire
le voyant en uniforme, dans l'attitude
d'un homme ivre, et la pipe à la bouche,
s'obstinoit à l'empêcher d'entrer sur le

théâtre. « Camarade, lui disoit-il, au nom
» de Dieu, ne passez pas, vous me ferez
» mettre au cachot ». Préville s'échappe,
arrive sur la scène, est couvert d'applaudissemens, et le factionnaire reste stupéfait.

Tandis que Voltaire et Montesquieu,
Buffon et J. J. Rousseau enrichissoient
notre littérature des plus brillantes conceptions ; tandis que d'Alembert, Helvétius
et Diderot reculoient les bornes de l'esprit
humain, et que tous ces collaborateurs
infatigables travailloient à ce superbe édi-
fice des connoissances humaines (l'Ency-
clopédie), Préville profitoit des lumières
de son siècle, pour étendre la sphère de
son art, et ces grands hommes venoient
souvent l'entendre pour se délasser de
leurs fatigues littéraires.

La perfection de son jeu fut toujours
telle, qu'il étoit impossible de lui faire
raisonnablement la moindre observation :
toujours aimable et gai, amant constant
de la belle nature, il ne cessa d'être aux

yeux des spectateurs le personnage qu'il représentoit ; amoureux et timide dans le Legs, chacun se sentoit disposé à l'encourager à plus de hardiesse ; joli, poudré, plein de petites manières à prétentions dans le rôle de Beaugénie, nul abbé bel esprit ne se crut plus que lui sur la route d'un évêché ; pesant, sot, brusque et vil, il étoit le financier de *Lesage*, le vrai Turcaret : quel feu ! quelle originalité ! quel sémillant ! que de graces dans le rôle de Figaro ! quel inimitable talent, que celui d'un tel homme ! Noble et sensible, il faisoit couler de douces larmes lorsqu'il étoit le père d'Eugénie : quelle vérité ! quelle bonne foi, dans le Bourgeois-Gentilhomme ! quelle franche gaieté ! que de rondeur, d'à-plomb ! que de finesse ! quel *vis comica* dans tous ses rôles de valets ! plaisant sans recherche, comique sans bouffonnerie, il ne laissa jamais appercevoir ni l'étude, ni l'art : on retrouvoit cette abondante facilité dans tous les personnages qu'il vouloit représenter ; dans l'admirable effet qu'il produisoit en jouant le Bourru , l'instant où il combinoit le coup d'échecs de la veille, présentoit aux spectateurs le calculateur le plus profond, le rival de *Philidor.* A ce soin parfait d'un détail comique , succédoient d'autres effets , qui tour-à-tour attendrissoient ou commandoient le rire.

Semblable aux peintres d'Italie , il joignoit sans effort l'exemple aux préceptes, et tous les conseils qu'il donnoit aux jeunes acteurs qu'il aimoit, étoient marqués au coin de la vérité. « Prenez » garde, me dit-il un jour, (on venoit » de m'applaudir) savez-vous ce que » vous venez de faire » ? Ma réponse fut : « Je viens de jouer Fierenfat le moins mal » que j'ai pu. --- Vous venez, reprit-il, » d'écrire sur du sable : c'est sur l'airain » qu'il faut graver son nom. Pourquoi ces

» airs outrés qui plaisent à la multitude ?
» Pourquoi ce ton de fausset ? Pourquoi
» ce desir de faire rire les gens qui mangent
» des poids chiches, comme dit Térence ?
» Faites rire l'honnête homme, faites-le
» rire de l'ame, et vous serez digne
» alors du Théâtre Français, du premier
» Théâtre du monde : soyez demain chez
» moi de très-bonne heure, vous verrez
» un autre Fierenfat. » Je fus exact, je
n'oublierai jamais sa complaisance et sa
leçon (1).

L'homme célèbre qui peut être cité
comme un modèle à côté de lui dans un
genre différent, Lekain (2), son admi-

---

(1) Peut-être réaliserai-je le projet que j'ai
formé, de publier sur l'art que je professe, les
leçons de ce grand maître et celles de l'expérience.

(2) Il m'eût été bien doux de citer ici tous
les talens qui maintenant embellissent la scène
française ; mais, fidèle interprète de leur douleur,
je n'ai dû parler que de Préville. D'autres
sauront, plus dignement que moi, transmettre à

rateur et son ami , ne se plaisoit pas également à communiquer ses réflexions sur l'art de représenter la tragédie ; peu d'acteurs ont reçu de lui des avis qui sans doute eussent été précieux ; je crois l'entendre encore dans un moment d'humeur, exhortant son camarade à devenir économe : «Garde-toi, PRÉVILLE, lui disoit-il,
» de compter sur le public, qui toujours
» fut ingrat. Ce parterre qui semble
» t'adorer, te crie à chaque instant,
» même au milieu de ses transports :
» *amuse-moi et crève*. Songe à ta retraite,
» quand ta fortune le permettra ».

PRÉVILLE convenoit de cette verité; mais confiant et bon, il n'a cessé de se ruiner en négligences; jamais il n'a changé sa manière de vivre, ses habitudes, cette

---

la postérité la gloire et les succès d'un théâtre sauvé de tant d'écueils. Le public et le tems , voilà nos juges naturels : on approuvera mon silence , et l'on sentira mes regrets.

bizarre incurie dans ses dépenses, apanage ordinaire des grands talens. Il aima tour-à-tour le rabot, la truelle et les tableaux. Son domestique l'a servi trente ans, sans convention de gages, sans arrêté de comptes, sans autre arrangement que celui de dire à son maître : *Monsieur, donnez-moi de l'argent.*

Ce domestique étoit honnête homme et singulier. *Nous n'en pourrons plus demain,* disoit-il ; *y a-t-il du bon sens à cela ? Nous jouons le Barbier de Séville et le Mercure-Galant ; Monsieur n'y pense pas !*

P r é v i l l e étoit grand travailleur : bien différent de ces artistes mal-adroits et glacés, qui refroidissent ce qu'ils touchent, et qui détruisent ce qu'ils croient perfectionner : tout prenoit dans ses mains une grace nouvelle ; il embellissoit le plus petit rôle, et *Germon* dans *Nanine,* jadis négligé, presqu'inconnu du public, reçut par lui l'honneur d'être applaudi, desiré et joué par *les premiers comiques*. Chargé du rôle de Fréeport, dans la comédie de l'*Ecossaise*, Préville adressa d'utiles observations à l'auteur sur ce rôle, et signa sa lettre *Fréeport*. Voltaire les adopta sans peine, et le succès les justifia toutes. Recherché, fêté par-tout, Préville ne descendit jamais à de serviles complaisances; il ne prostituoit point son talent; jamais on ne le vit se constituer bouffon de société.

Deux parvenus, un jour, l'invitent à souper; il accepte, sur l'assurance que son ami Bellecourt sera de la partie. A la sortie du spectacle, il reconnoît un des Amphytrions qui disoit à son voisin, auquel il promettoit pour le lendemain une fête charmante : « Vous verrez, » vous verrez, comme ils sont drôles ». Préville, outré, dit à Bellecourt: « Ces » messieurs nous ont invités pour les » faire rire, il faudra nous rendre chez » eux, manger de tout, ne parler de rien,

» et venir nous coucher de très-bonne » heure ». Ils arrivent ; la société rioit d'avance aux éclats, se promettoit un plaisir délicieux de leurs bouffonneries, et fut confondue de trouver de prétendus plaisans si tristes, des convives d'un si grand appétit, et des comédiens si rangés ; PRÉVILLE et Bellecourt sortirent au dessert, et furent trouvés plus drôles qu'on ne s'y attendoit

PRÉVILLE jouissoit de treize mille liv. de rente : le papier-monnoie réduisit beaucoup son revenu ; cependant il fut au-dessus du besoin ; il vécut même dans l'aisance, moins, il est vrai, des débris de sa fortune, que des secours de sa famille ; nous n'avons point eu à gémir sur son indigence.

L'Institut national, par la réunion savante de ses membres, est au-dessus de mes foibles éloges ; mais la nomination de PRÉVILLE prouve que s'il est des choix qui honorent les élus, il en est d'autres

qui, par l'universelle approbation, de-
viennent honorables pour les électeurs.

Une vie sobre et gaie précéda sa mort
douce et lente. Depuis deux ans sa tête
étoit plus qu'affoiblie, et sa raison repa-
roissant par intervalles, montroit le cœur
et les desirs de cet excellent homme : alors
il faisoit des vœux pour la prospérité de
l'art théâtral ; alors il desiroit la réunion
des bons comédiens pour la gloire du
théâtre français. Proférons ses dernières
paroles : « Est - il encore un Théâtre
» français ?.... et le public ?.... Je suis
heureux......» Il est mort à Beauvais,
le 27 Frimaire, an 8, âgé de 79 ans....
Des larmes troublent ma pensée.....Le
plus cher, le plus douloureux souvenir
tourmentera le reste de ma vie. Je dirai
souvent : « Il vécut honoré, bon, sensible ;
» il m'aima tendrement !...»

L'amour de l'art et l'adoration d'un
grand modèle m'avoient rangé sous les
drapeaux de PRÉVILLE ; parler de sa gloire,

de ses vertus, étoit une tâche que le devoir
et l'amitié m'imposoient ; je n'ai sans
doute offert qu'une foible ébauche des
succès de l'ami que je regrette ; j'ai satisfait
à la reconnoissance, et je réponds d'avance
à la critique :

............Moins instruit que fidèle ,
Je ne suis qu'un soldat, et je n'ai que du zèle.

9 782019 240974